SCM

Stiftung Christliche Medien

Der SCM Verlag ist eine Gesellschaft der Stiftung Christliche Medien, einer gemeinnützigen Stiftung, die sich für die Förderung und Verbreitung christlicher Bücher, Zeitschriften, Filme und Musik einsetzt.

Internet: www.scm-verlag.de; E-Mail: info@scm-verlag.de

Gesamtgestaltung: Miriam Gamper-Brühl | www.3kreativ.de | Essen
Fotos: Sophia Frey
Illustrationen: © Shutterstock
Druck und Bindung: Dimograf
Gedruckt in Polen
ISBN 978-3-7893-9786-8
Bestell-Nr. 629.786

Sophia Frey

LEUCHTTAGE

Die dunkle Jahreszeit zum Strahlen bringen:
Rezepte, Ideen, Gedanken

SCM

Sommersatt
ist mein Herz
die Leichtigkeit der langen Tage
glänzt in mir
Beschwingt
durch schwerelose Stunden
und leuchtende Begegnungen
ist Unbekümmertheit
zum Freund geworden
Mit ihm
laufe ich tänzelnd
dem Kommenden entgegen
Die Leichtigkeit bewahre ich in mir
wie einen Schatz
Sommerreich beschenkt

Beschenkt

Als ich heute die erste glänzende Kastanie gefunden habe, ist es mir schlagartig bewusst geworden: Es wird Herbst!
So richtig wahrhaben möchte ich den Gedanken noch nicht – zu sehr liebe ich die lauen, nicht enden wollenden Abende, die Leichtigkeit, mit der der Sommer mich jedes Jahr umarmt und für sich einnimmt. Den aufkommenden Gedanken an lange Wollpullis und frostige Nächte schiebe ich noch weit von mir! Vielmehr versuche ich, meinen Blick auf das zu lenken, was direkt vor mir liegt.

Ich staune aufs Neue, wie Gott die Natur noch einmal zur Höchstform auflaufen lässt – reife Früchte, wohin mein Auge schaut. Was für ein schönes Gefühl, ernten zu dürfen, was lange Zeit gewachsen ist. Es erinnert mich daran, dass auch in meinem Leben scheinbar Kleines eines Tages reif sein wird – auch wenn ich manches bis jetzt nur erahnen kann ...
Und erst dieses Licht! Solche warmen, durchdringenden Sonnenstrahlen, die alles in Gold zu tauchen scheinen und alles in neuem Licht erstrahlen lassen. Ich versuche, ein wenig dieses Goldes zu mir nach Hause zu holen und gestalte passend dazu Goldgläser als Blumenvasen. Zudem wandern pralle, reife Pflaumen in kleine Pflaumen-Pies. Diese mit einem Klecks Zimtsahne in der Septembersonne verzehrt, lasse ich den Sommer gedanklich ausklingen. Was bleibt, ist die Erinnerung an leuchtende Sommertage – und die Vorfreude auf kommende Leuchttage!

Pflaumen-Pies

Rezept für 8 Pies

Butter und Puderzucker mit dem Handrührgerät so lange rühren, bis sich beide Zutaten vermengt haben und die Butter geschmeidig ist.

Das Ei und eine Prise Salz hinzufügen und kurz unterrühren.

Mehl und Mandeln hinzuschütten und ebenfalls kurz unterrühren, bis weiche Streusel entstehen. Mit den Händen rasch zu einem Teig formen und zu einem Ziegel flach drücken.

In Klarsichtfolie gewickelt mindestens eine Stunde in den Kühlschrank legen. Zwischenzeitlich das Kompott herstellen und auskühlen lassen.

Pflaumen entkernen und klein würfeln. Mit Zucker, Zimt und Sternanis aufkochen und 20 Minuten bei kleiner Hitze köcheln lassen, bis ein dickliches Kompott entsteht. Dabei nach 10 Minuten den halben Sternanis entfernen. Das Kompott auskühlen lassen.

Nachdem der Teig durchgekühlt ist, diesen auf Mehl dünn ausrollen und mit einem Becher o.ä. 16 Teigkreise von ca. 10 cm Durchmesser ausstechen. Aus den Teigresten acht kleine Figuren – wie z.B. Rehe – ausstechen.

Auf die Hälfte der Teigkreise jeweils einen Esslöffel des Kompotts geben. Die Teigränder mit Wasser einstreichen. Aus den restlichen Teigkreisen in der Mitte ein kleines Loch ausstechen und die mit Kompott versehenen Teigkreise damit bedecken. Die Ränder mit den Zinken einer Gabel gut aneinanderdrücken. Die Pies mit den ausgestochenen Figuren dekorieren und mit Eigelb bestreichen. An den Rändern mit braunem Zucker bestreuen.

Die Pflaumen-Pies bei 175° Ober-/Unterhitze ca. 20 Minuten backen, bis die Ränder goldbraun sind. Mit Zimtsahne und etwaigem restlichen Kompott servieren.

Teig:

100 g kalte Butter, in Würfeln
80 g Puderzucker
1 Prise Salz
1 Ei (Größe M)
200 g Mehl
25 g gemahlene Mandeln
Ei zum Bestreichen
braunen Zucker zum Bestreuen

Pflaumenkompott:

300 g Pflaumen
2 EL Zucker
1 TL Zimt
½ Sternanis

Goldvasen

Material:

alt Weckgläser oder Konservengläser
Blattmetallfolien aus dem Bastelbedarf
Anlegemilch
zwei weiche Pinsel
Wattepad

Die Gläser gründlich säubern und bis zur gewünschten Höhe mit Anlegemilch bestreichen und nach Herstellerangabe trocknen lassen.

Dann die Blattmetallfolien vorsichtig auflegen und mit einem trockenen Pinsel glatt streichen.

Überstehende Reste vorsichtig abtrennen.

Nach dem Trocknen noch einmal mit einem Wattepad glatt streichen.

Mit einem unaufhörlichen Drang
zieht es mich ins Freie
Die ganze Welt
liegt offen vor mir
und Weite umgibt mich
Neue Wege
will ich zu meinen eigenen machen
alles neu entdecken
als sei es nur für mich, für diesen Moment gemacht

Goldmomente

Meine Freude leuchtet
mit den Blättern um die Wette
der Himmel so weit wie mein Herz:
Ich bin dein Kind!
Ich darf alles
und muss doch nichts
Blatttänzelnd
bricht sich Freiheit Bahn

Die Herbsttage sind durchdrungen von einem so magischen Licht, dass uns förmlich nichts mehr im Haus hält und wir ausgedehnte Streifzüge durch die Natur unternehmen. Hier draußen ist der Himmel grenzenlos und alles Sorgenvolle und Grüblerische in mir verstummt angesichts dieser Größe. Ich fühle mich dem echten, einfachen Leben so nah, dass ich vor Freude am liebsten jeden umarmen würde, der meinen Weg kreuzt. Die Weite der Landschaft macht auch mein Herz himmelsweit und mir wird schlagartig die Freiheit bewusst, die Gott mir jeden Tag neu schenkt. Was für eine Gnade! Dieses Gefühl der Freiheit und das goldene Herbstlicht nehme ich mit allen Sinnen auf und speichere beides ganz tief für die kommenden dunklen Tage. Langsam wird die erste Kälte des Jahres spürbar, und in der Frühe liegt schon Nebel über den Feldern. Ich gebe mir einen Ruck und krame die Kiste mit den warmen Strickjacken heraus. Schmunzelnd denke ich an das Gedicht „Septembermorgen“, das ich in der fünften Klasse auswendig lernen musste. „Herbstkräftig die gedämpfte Welt in warmem Golde fließe.“ Damals haben wir uns über die alten Zeilen lustig gemacht. Heute bin ich meinem Deutschlehrer dankbar, zu einigen Gelegenheiten ein passendes Gedicht zitieren zu können. Eingekuschelt in eine gemütliche Decke und mit einer Tasse warmem Tee in der Hand feiere ich die Einzigartigkeit dieses Goldmoments, in dem die aufgehende Sonne den Nebel auflöst.

Mohn-Birnen-Hörnchen

Zutaten für 15 Stück

Mehl und Backpulver mischen. Restliche Zutaten hinzufügen und mit den Knethaken des Rührgeräts zügig zu einem Teig verkneten. Den Teig mindestens eine Stunde kühl stellen.

Mohn, flüssige Butter und beide Zuckersorten verrühren, Birnenwürfel unterheben. Den gekühlten Teig auf einer bemehlten Arbeitsfläche zu einem Rechteck von ca. 30 x 20 cm ausrollen (der Teig sollte ca. 3 mm dick sein). Rechteck längs halbieren und aus jedem Teigstreifen ungefähr 7 Dreiecke schneiden.

Einen Esslöffel Füllung auf jedes Dreieck geben und mit einem Messer so verteilen, dass ein schmaler Außenrand frei bleibt. Von der langen Seite her aufrollen und zu Hörnchen biegen. Auf ein mit Backpapier belegtes Blech legen und mit Eigelb-Milch-Mischung bestreichen.

Mit Mandelstiften bestreuen und bei 150° Umluft ca. 25-30 Minuten backen, bis die Hörnchen eine goldgelbe Farbe haben.

Teig:

250 g Mehl
1 gestrichener TL Backpulver
125 g Magerquark
100 g weiche Butter
80 g Zucker

Füllung:

100 g gemahlener Mohn
50 g geschmolzene Butter
70 g Zucker
1 EL Vanillezucker
½ reife Birne, fein gewürfelt
1 Ei und 1 EL Milch zum Bestreichen
20 g Mandelblättchen oder Mandelstifte

Materialien:

Skizzenpapier
1 Bogen Transparentpapier, DIN A4
1 Bogen Transferpapier für dunklen Untergrund
spitzer Bleistift
Radiergummi
Lineal
Stoffmalfarbe in Gold
Stofftasche in beliebiger Farbe
Klebestreifen
Zeitungspapier
dünner Rundpinsel

Tasche mit *goldener* Schrift

Einen schönen Spruch auswählen.

Auf dem Skizzenpapier den Spruch nach Belieben und mit unterschiedlichen Schriftarten vorzeichnen – gut geeignet sind kalligrafische Schriften und Blockbuchstaben.

Wenn der Entwurf den Vorstellungen entspricht, das Transparentpapier auf die Zeichnung legen und die Vorlage abpausen.

Das Transparentpapier nun so auf der Stofftasche platzieren, dass der Spruch mittig ausgerichtet ist. Das Transferpapier unter das Transparentpapier legen und an den Seiten mit Klebestreifen befestigen, so dass die Papiere nicht verrutschen können.

Die Schrift mit einem spitzen Bleistift nachzeichnen – so wird der Spruch auf die Stofftasche übertragen. Papiere entfernen.

Den übertragenen Spruch mit dünnem Pinsel und goldener Farbe nachzeichnen. Zeitung im Innenraum der Stofftasche verhindert ein Durchdrücken der Farbe.

Nach dem Trocknen die Farbe nach Herstellerangaben fixieren.

Verschwenderisch schenkt sich die Natur
Teilhaben darf ich an
Fülle
Reife
Farben

Ebenso möchte ich
geben
lieben in Fülle
vorbehaltlos
auch ohne Aussicht auf Erwiderung

Ich möchte
sonnengelb
von innen heraus strahlen
dieses Staunen
über das Geschenk meines Lebens
nach außen tragen

Ich möchte
glühendrot
mir selbst und Gott neu begegnen
Hingabe leben
und mein Gegenüber mit neuen Augen sehen

Nur eins erbitte ich:
dass mein Wollen
zum Tun wird
und Leben erblüht – mitten in der Kälte

Farbenrausch

Ich lebe ein Leben in Fülle! Wie oft kam mir der Gedanke in den letzten Tagen, als ich die ganze Farbpalette der leuchtenden Bäume bestaunt habe. Auch wenn ich sonst eher schlichte Farben liebe, freue ich mich umso mehr an diesem verschwenderischen Farbrausch, mit dem die Natur sich fulminant in die Winterpause verabschiedet.
Ein wenig wehmütig entdecke ich die ersten fallenden Blätter, aber ich sammle sie auf und hole mir ihr Strahlen mit nach Hause.
Durch eine schlichte graue Vase geadelt, erinnert mich ihre Farbenpracht an all das Schöne, was mein Leben reich macht. Die schönsten Farben in meinem Leben sehe ich da, wo ich Begegnungen mit Menschen, aber auch mit Gott erleben darf. Es sind Momente, die oft ungeplant meinen Tag bunt machen und ihm ein neues Licht, einen neuen Glanz geben. Herzhaftes Lachen, eine verständnisvolle Umarmung, strahlende Kinderaugen – so viel wird mir geschenkt und lässt mein Herz schneller schlagen!
Die graue Vase habe ich ganz bewusst gewählt. Sie lässt die Farben der Blätter erst richtig hervortreten. Auch wenn ich es nicht immer wahrhaben möchte: Ohne die dunklen Momente in meinem Leben würde ich das Strahlende nicht in seiner Intensität wahrnehmen können. Strahlende Farben und Dunkel – im Zusammenspiel macht beides mein Leben so unverwechselbar, wie es eben ist. Und doch: Ich darf mich jeden Tag neu entscheiden, dem Hellen in meinem Leben mehr Raum zu geben. Ich darf geben und Liebe verteilen, ohne Angst haben zu müssen, selbst zu kurz zu kommen oder weniger wertvoll in den Augen der anderen zu werden. Ich darf mit den Blättern um die Wette nach außen strahlen – aus purer Freude daran, andere glücklich zu machen. Was ich dafür brauche? Ein himmelwärts geöffnetes Herz ...

Apfelbrot

Der Duft von Zimt und saftige Äpfel
zaubern ein Lächeln ins Gesicht!

Zutaten:

750 g Äpfel
200 g Zucker
125 g Rosinen
125 g Cranberries
150 g Walnusshälften
500 g Mehl
1½ Pck. Backpulver
1 EL Kakaopulver
1 EL Rum
15 g Zimt

Äpfel schälen und anschließend fein schneiden. Mit dem Zucker in einer Schüssel mischen und 5 Stunden durchziehen lassen.

Restliche Zutaten hinzufügen und mit einem Kochlöffel gut vermischen.

In eine große gefettete Kastenform geben und bei 175° Ober-/Unterhitze ca. 75 Minuten backen. Nach 10-minütiger Abkühlzeit aus der Form lösen und vollständig auskühlen lassen.

40 LBS
EIN STÜCK VOM GLÜCK

FEEL
GOOD
OLOU
R

Lesezeichen

Material:

Getrocknete Blätter
Federn
Tonkarton in Wunschfarbe
Heißklebepistole oder Flüssigkleber
evtl. Laminierfolien und Laminiergerät
Buchstabenstempel
Stempelkissen
Ösen und Ösenzange (alternativ Locher)
Lederschnüre

Tonkarton in den Maßen 14 x 5 cm zurechtschneiden.

Federn und Blätter mit Kleber oder Heißklebepistole darauf kleben.

Mit den Buchstabenstempeln Sprüche nach Wahl stempeln.

Eventuell Lesezeichen mithilfe von Laminierfolie laminieren.

Danach Ösen anbringen und Lederschnüre durchfädeln.

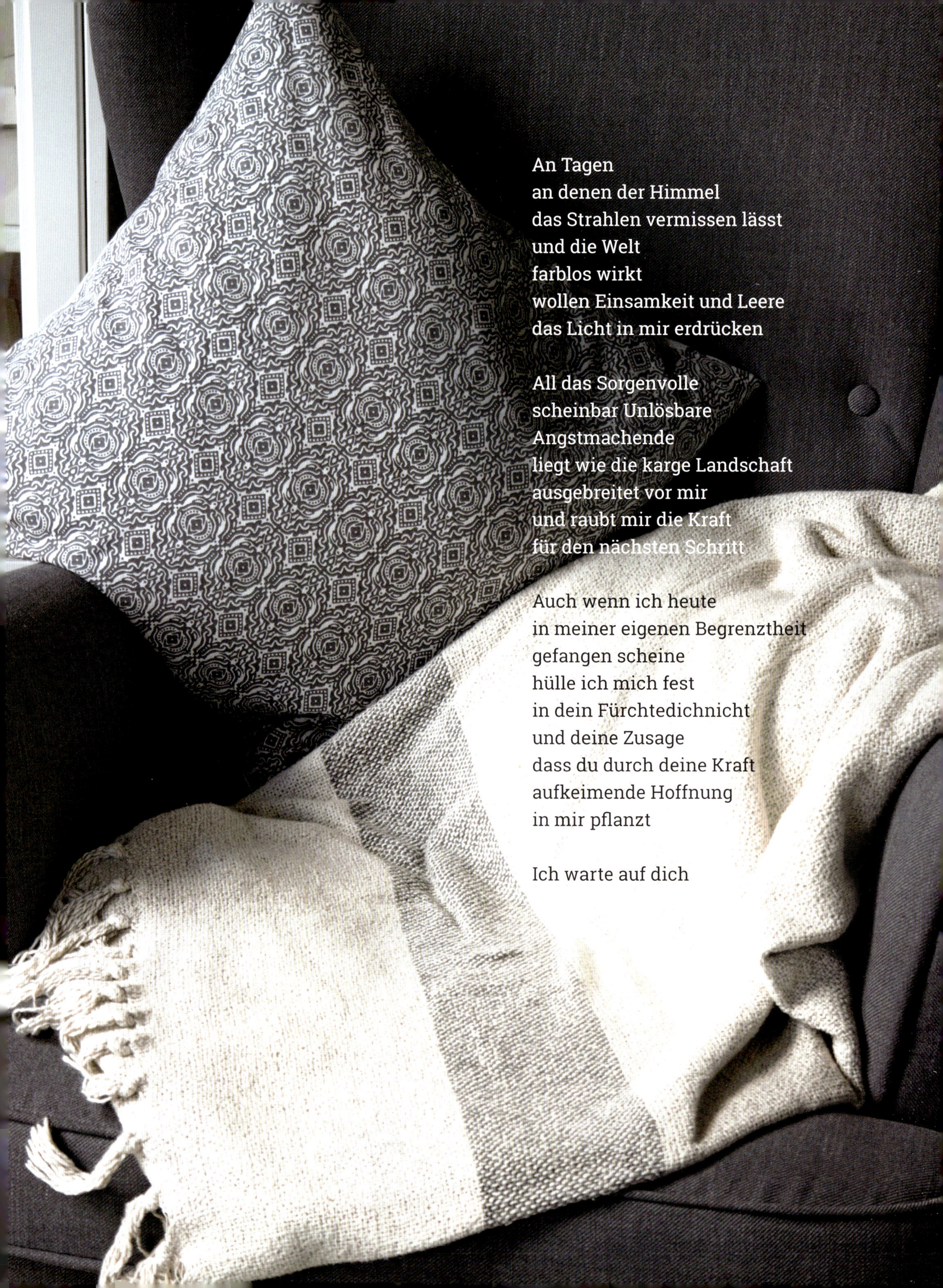

An Tagen
an denen der Himmel
das Strahlen vermissen lässt
und die Welt
farblos wirkt
wollen Einsamkeit und Leere
das Licht in mir erdrücken

All das Sorgenvolle
scheinbar Unlösbare
Angstmachende
liegt wie die karge Landschaft
ausgebreitet vor mir
und raubt mir die Kraft
für den nächsten Schritt

Auch wenn ich heute
in meiner eigenen Begrenztheit
gefangen scheine
hülle ich mich fest
in dein Fürchtedichnicht
und deine Zusage
dass du durch deine Kraft
aufkeimende Hoffnung
in mir pflanzt

Ich warte auf dich

Hoffnungs-decke

Regentropfen. Seit Tagen schon wache ich mit ihrem leisen Klopfen an der Fensterscheibe auf und schlafe mit ihrer Regenmelodie ein. Am liebsten würde ich mich der Wärme meiner Bettdecke hingeben und den Tag eingekuschelt verbringen.

So sehr ich diese wohlige Wärme liebe, in die sich Regentage kleiden, trage ich doch in mir eine zentnerschwere Ladung voller Sehnsucht nach Wärme und Licht. Sehnsucht nach Sonne-im-Gesicht-Tagen. Schwerelosen, horizontweiten Tagen. Nach Tagen, die mit einem abendlichen Farbspiel am Himmel meinen Blick auf die Welt so viel größer werden lassen. Der Blick aus dem Fenster hingegen hält nur die ganze Bandbreite der Grautöne für mich bereit.

Gott sei Dank gibt es die Kraft der Erinnerung – und so krame ich aus meiner Seelentruhe Gedanken an schneeweiße Sandstrände und Sommernächte voller Zauber hervor. Ich sehe mich barfuß über eine Blumenwiese laufen und lasse mich davon beflügeln. Dieses Auspacken schöner Erinnerungen – die unangenehmen dürfen gerne auf dem Seelenspeicher ein tristes Dasein führen – lässt trübe Tage für mich heller werden.

Schließlich gebe ich mir einen Ruck und nehme den Tag liebevoll an die Hand. Ich koche allerfeinstes Seelenfutter, welches mich von innen heraus wärmt. Schere und Kleber werden aus Schachteln gekramt, und ich nehme mir vor, eine Kleinigkeit für einen lieben Menschen herzustellen. Wenn schon der Himmel die Sicht versperrt, will ich meine eigene Sicht nicht kleinhalten und so einem anderen die Regentage versüßen. Es macht glücklich, andere glücklich zu machen. Und das Werkeln mit den Händen lässt meine Gedanken auf wunderbare Weise zur Ruhe kommen. Das schöne Gefühl, etwas „Handfestes“ getan zu haben, durchrieselt mich stärker, als es ein Regenschauer je könnte.

Kokos-milchreis mit Mangosoße

Cremiges Soulfood für kalte Tage

Zutaten für 3 Portionen:

400 ml Kokosmilch, ungesüßt
200 ml Milch
100 g Milchreis
Mark einer halben Vanilleschote
25 g Zucker
1 geschälte Mango, gewürfelt
Saft einer halben Limette
nach Belieben Kokoschips zum Bestreuen

Kokosmilch und Milch aufkochen und Milchreis samt Vanillemark hinzufügen.

Das Ganze bei mittlerer Hitze und mehrmaligem Umrühren 20-25 Minuten leise köcheln lassen, bis der Milchreis cremig ist.

Zucker hinzufügen. Mangowürfel mit dem Limettensaft pürieren und zum Kokosmilchreis servieren.

Material:

graues Papier
Buchstabenstempel
beliebige Teebeutel, ca. 5 Stück
Klarsichtbeutel
Zitronenbonbons
Spitzendeckchen aus Papier
Schnur
kleine Holzklammern
warme Socken
braune Briefumschläge, 5 Stück
Regenschirmstempel + Stempelkissen
Kleber

Regentage-box

Alles, was man für verregnete Tage braucht, in einer Box zum Verschenken zusammengepackt

Aus grauem Papier Regenwolke und drei kleine Schildchen ausschneiden. Mit Buchstabenstempeln „Regentagebox“ auf die Wolke und auf die Schilder die Wörter „Licht“, „Wärme“, „Zeit“ stempeln.

Herzteebeutel: Vorsichtig das Etikett vom Beutel lösen und kleine Herzen aus grauem Papier ausschneiden. Mit Kleber die Herzen an der Schnur befestigen. Mit einer Holzklammer 5 Beutel zusammenfassen.

Bonbontüte: Bonbons in einen Klarsichtbeutel füllen und Spitzendeckchen mittig falten, mithilfe einer Holzklammer zusammen mit dem Schild „Licht“ am oberen Rand der Tüte anbringen.

Briefumschläge: Kleine Briefumschläge mit Regenschirmstempel bestempeln. Mit einem Stück Schnur zusammenbinden und das Schild „Zeit“ anbringen.

Socken: Socken mit einem Stück Schnur zusammenbinden und das Schild „Wärme“ anbringen.

Herbstgleich
lass ich Altes los
streife Erwartungen und Ängste ab
erlebe die Gnade der Erneuerung

Tief verwurzelt
sammle ich neue Kräfte
lenke den Blick nach innen
staunend über den Halt
den du mir gibst

Liebevoll erkenne ich:
Ich brauche
die Kürze der Tage
um länger nach innen zu sehen
die Kälte
um mehr Wärme zu geben
die Ruhe
um neue Wurzeln schlagen zu können

Wachstum nach innen

Abtauchen

Vor zwei Jahren durfte ich eine sehr prägende Erfahrung machen. Mein Mann und ich erlebten beide eine stressige Zeit – unsere Berufe nahmen uns täglich mehr ein, als gedacht, zudem waren wir als junges Ehepaar noch weit davon entfernt, ein eingespieltes Team zu sein. Vieles spielte sich zu dieser Zeit mehr im Kopf als im Herzen ab.
An einem Abend passierte das Unvorhergesehene. Während ich dabei war, drei dringend benötigte Kuchen für den nächsten Tag herzustellen und mein Mann noch beruflich am Computer zu tun hatte, fiel plötzlich der Strom aus. Zuerst irrten wir witzelnd durch die Dunkelheit und waren uns sicher, dass der Fehler bald behoben sein würde. Dem war aber bei Weitem nicht so! Der Stromausfall dauerte geschlagene drei Stunden und zwang uns, alles Angefangene liegen zu lassen, da eine Fertigstellung ohne Strom schlichtweg nicht möglich war.
Uns beiden blieb nichts anderes übrig, als im Dunkeln tastend Streichhölzer und Kerzen rauszusuchen und auf elektrisches Licht wartend auszuharren.
Es war eine so erzwungene Unterbrechung, dass wir anfangs richtig verärgert darüber waren. Aber je mehr Zeit verstrich, desto ruhiger wurden wir beide und fingen an, die Zeit gemeinsam zu genießen. Wir waren quasi zum Anhalten gezwungen worden – und durften mehr und mehr erleben, wie gut es tut, all das Hektische und „hochdringende" Aufgaben einmal beiseite zu legen und still zu werden. Lange redeten wir bei Kerzenschein über das, was uns momentan bewegt, und spürten, wie gut uns das Innehalten tut.
Natürlich gelingt es mir seitdem nicht immer, im größten Stress bewusst anzuhalten und mich auf das Wesentliche zu besinnen. Aber ich habe gemerkt, dass mich gerade die Zeiten, in denen es vollkommen still um mich ist oder in denen scheinbar wenig passiert, im Innersten am tiefsten prägen.
So will ich besonders in der nächsten Zeit versuchen, immer wieder meinen Blick nach innen zu richten. Nicht gezwungen, sondern mit dem Wissen, dass ich dadurch mir selbst und Gott neu begegnen kann. Und genau diese Erfahrung ist es, die mich erdet und zugleich himmelwärts leben lässt.

Feta-Strudelsäckchen mit Pflaumen-Chutney

Zutaten für 8 Stück:

4 Blätter Strudelteig
300 g Fetakäse
1 Zweig Rosmarin oder Thymian, klein gehackt
Öl
350 g Pflaumen
1 Zwiebel
2 EL weißer Balsamico
3 EL Zucker
Salz

Strudelteigblätter jeweils in vier gleich große Rechtecke schneiden. Je ein Teigrechteck mit Öl bepinseln und mit einem weiteren bedecken, so dass immer zwei Teigrechtecke aufeinanderliegen.

Fetakäse in 8 gleich große Stücke teilen und je ein Stück in die Mitte legen. Mit klein gehacktem Rosmarin bestreuen. Die Teigränder mit Wasser bestreichen und über dem Käse zu einem Säckchen zusammenfalten. Von außen gleichmäßig mit Öl bestreichen. Bei 180° Ober-/Unterhitze ca. 10-15 Minuten goldgelb backen.

Für das Chutney Pflaumen klein würfeln, ebenso die Zwiebel. Mit Balsamico und Zucker in einen Topf geben und einmal aufkochen lassen, danach das Ganze bei mittlerer Hitze und mehrmaligem Rühren 10 Minuten sämig einkochen lassen und mit Salz abschmecken. Zu den warmen Strudelsäckchen servieren.

Pilz-Bruschetta

Pilziger Herbstgenuss

Zutaten für ca. 10 Stück:

ein kleines Vollkornbaguette
300 g braune Champignons
1 Zwiebel, gewürfelt
1 Knoblauchzehe, fein gehackt
Olivenöl
30 g Parmesan
2 EL fein gehackte Petersilie
1 ganze Knoblauchzehe

Baguette in Scheiben schneiden, mit Olivenöl bepinseln und im vorgeheizten Backofen bei 180° Umluft 5-10 Minuten rösten. Sofort nach dem Backen mit einer geschälten Knoblauchzehe einreiben.

Pilze klein würfeln und zusammen mit der Zwiebel und dem gehackten Knoblauch in einer geölten Pfanne knusprig braten, bis die Flüssigkeit verdampft ist. Salzen, pfeffern und abkühlen lassen. Die klein gehackte Petersilie untermischen und alles auf den Brotscheiben verteilen.

Parmesan hobeln und darauf anrichten.

Birnen-Blauschimmel-Flammkuchen

Zutaten für 14-16 Stück:

1 Rolle fertiger Flammkuchenteig
150 g Schmand
100 g Blauschimmelkäse, gewürfelt
½ Birne, gewürfelt
eine Handvoll Sonnenblumenkerne

Flammkuchenteig ausrollen und mit Hilfe eines Bechers kleine Kreise ausstechen. Diese mit jeweils einem Teelöffel Schmand bestreichen.

Mit den restlichen Zutaten belegen und mit Salz und Pfeffer bestreuen.

Kleine Flammkuchen nach Packungsangaben goldbraun backen.

Material:

vier gleich dicke Äste,
je zwei mit der gleichen Länge
dunkelgrünes Tonpapier
Stempel mit Naturmotiv
(z.B. Farn)
schwarzes Stempelkissen
weißes Garn
braune Juteschnur
Schere
Nadel
Lineal
Bleistift

Holzbilder-rahmen

Aus den Ästen einen Bilderrahmen legen, so dass die gegenüberliegenden Seiten gleich lang sind und an den Kreuzstellen jeweils der gleiche Astüberstand besteht. Mit der Juteschnur so fixieren, dass die Astenden über Kreuz umwickelt werden.

Das Tonpapier so zurechtschneiden, dass es mittig in den Rahmen passt. Danach mit Naturmotiv bestempeln. An den vier Ecken mithilfe der Nadel lochen und mit vier zurechtgeschnittenen Garnstücken am Holzrahmen befestigen.

Material:
1 runde Holzscheibe
Bleistift
schwarzer Acrylstift
Lineal
ggf. Vogelzeichnungen,
Transferpapier und Radiergummi

Vogel-Vesper-brettchen

Holzscheibe säubern. Mithilfe des Lineals und des Bleistiftes eine Stromleitung auf die Holzscheibe zeichnen. Anschließend freihändig oder mit Hilfe eines Transferpapiers Vögel auf die Linie zeichnen – hierbei nur wenig Druck auf den Bleistift ausüben.

Mit dem Acrylstift die vorgezeichneten Linien übermalen und die Vögel ausmalen. Sollten die Bleistiftlinien nach dem Trocknen noch sichtbar sein, vorsichtig mit einem Radiergummi entfernen.

Sturmgebet

Mach mein Herz sturmstark
damit ich den Unwettern meines Lebens
mutig entgegengehen kann

Lass nicht die Kälte sich einnisten
sondern die Glut deiner Liebe
in mir beheimatet sein

Eröffne du neue Aussichten
hinter Nebelhängen
wenn mein Blick ins Leere schweift

Schenke mir die Gelassenheit
Unvollkommenes stehen zu lassen
die Erkenntnis, dass du Herr bist
über jede meiner Wetterlagen
und durch dein Wirken
in mir Veränderung erstrahlt

Als Kind trug ich eine heimliche Faszination für Unwetter jeglicher Art in mir. Das Pfeifen des Windes an stürmischen Herbsttagen, das stille Zählen bis zum Einsetzen des Donners bei kräftigen Unwettern und auch das leise Trommeln der Regentropfen an der Scheibe – all das löste ein unbeschreibliches Gefühl von Geborgenheit in mir aus. In meinem Bett unter der Dachschräge bekam ich alles förmlich hautnah mit.

Rückblickend bin ich mir sicher, dass in dieser kindlichen Bewunderung die Gewissheit mitschwang, hineingenommen zu sein in das Wunder der Schöpfung, teilhaben zu dürfen an etwas Großem, das weit über meine Vorstellungskraft hinausging.

Und heute? Heute bin ich oft erstaunt über dieses sorgenfreie Mädchen, das ich einmal war. Ich erinnere mich noch ganz genau an das Gefühl von Mut und Kämpferwillen, welches in schwierigen Situationen in mir pulsierte. Ich liebte die Herausforderung, Sturm und Wind zählten zu meinen engen Freunden. Es gab wenig, was mich wirklich in die Knie zwang. Wenige Sorgenvögel, die in meinem krausen Blondschopf Nester bauten.

Die Jahre und einige Erfahrungen mehr haben, leise und ungewollt, einen Graben zwischen dem Mädchen von damals und der Frau von heute geschlagen. Das Kämpferische und Sorglose in mir habe ich eingetauscht gegen ein Paket voller grüblerischer Gedanken – nicht täglich gleich groß, und doch kann ich sagen: Die Jahre haben mich das Fürchten und Sorgen gelehrt. Die Unvorhersehbarkeit des Lebens, die täglichen Stürme, die durch mein Lebenshaus fegen, all das ist Grund genug, straußengleich den Kopf in den Sand zu stecken und dort möglichst lange zu verweilen und zu verzweifeln.

Aber genau das ist nicht das Leben, das Gott für mich vorgesehen hat. Ein Leben, in dem die Stürme und Unwetter des Alltags mehr Aufmerksamkeit bekommen als seine Zusage, Herr über jede Lage zu sein, ist nicht die Bestimmung, die ich leben soll und darf.

Es ist das Bild von mir selbst, wie ich geborgen im Bett liege und einen tiefen Frieden spüre mitten im Sturm, das mich berührt. Das ich neu in mein Herz pflanzen möchte. Das Paket voller Zuversicht und Mut wird jeden Tag neu und völlig gratis neben dem Paket der Sturmsorgen vor meiner Herzenstür abgestellt. Welches Paket möchte ich täglich öffnen?

Orangen-Rote-Beete-Salat mit Walnussfeta

Zutaten für 2 Portionen:

150 g Bulgur
2 Orangen
3 vorgegarte Rote-Beete-Knollen
½ Bund glatte Petersilie
eine Handvoll Pistazien, geschält
1 rote Zwiebel
2 EL Öl
2 EL Essig
1 Pck. Fetakäse
1 Ei
60 g Walnüsse
30 g Mehl
Salz, Pfeffer
Öl zum Ausbacken

Bulgur nach Packungsanweisung garen.

Orangen schälen und filetieren, Saft dabei auffangen. Orangensaft mit dem noch warmen Bulgur sowie Essig und Öl vermischen und auskühlen lassen.

Orangenfilets, Rote Beeten und Zwiebel in kleine Würfel schneiden. Petersilie und Pistazien grob hacken. Alles unter den abgekühlten Salat mischen und pikant abschmecken.

Feta halbieren und in Mehl wenden. Walnüsse grob hacken, Ei in einem Teller verquirlen. Fetascheiben zuerst in Ei wenden, dann mit Walnüssen panieren, diese dabei fest andrücken. In heißem Öl von beiden Seiten goldbraun braten und auf dem Salat drapieren.

Leuchttage

Material:
Untersetzer aus Kork
Acrylfarbe in Grau
Pinsel
Skizzenpapier
weißes Transparentpapier
Transferpapier für dunklen Untergrund
Bleistift
schwarzer Acrylstift, fein

Untersetzer aus Kork

Den Korkuntersetzer mit Acrylfarbe gut deckend grau anmalen und trocknen lassen.

Auf Skizzenpapier ein beliebiges Wort mit Bleistift in Kalligrafie-Schrift vorzeichnen. Transparentpapier darauf legen und die Skizze mit Bleistift auf Transparentpapier übertragen.

Transferpapier auf den Untersetzer legen, Transparentpapier mit der Skizze mittig darauf legen. Mit einem Bleistift die Skizze nachzeichnen und dadurch auf den Untersetzer übertragen.

Die übertragene Skizze mit schwarzem Acrylstift fein nachzeichnen und trocknen lassen.

Wenn in der Stille der Nacht
Laternenlichter erblühen
und Kinderaugen
Himmelsglanz tragen
finde ich Heimat
überall

Ich werde ergriffen
von Geborgenheit
von einer Wärme
die sich tröstend
in mir ausbreitet

Wie oft durfte ich
in den Nächten meines Lebens
Lichter entdecken
die neue Wege beleuchteten
und in mir
ein kindliches Dennoch
und Ich-Will
zu meinen eigenen
Lebenspfaden
entfachten

Laternen-glanz

Es gibt sie noch: diese Momente, die so für sich strahlen, dass einen Wärme und Geborgenheit durchrieseln. Es sind diese Momente, in denen man sich durch und durch lebendig fühlt.
Als ich vor wenigen Tagen einem Laternenumzug begegnet bin, durfte ich so einen leuchtenden Moment erleben. Erinnerungen an früher, an den Stolz und die Vorfreude auf das gemeinsame Laufen und Singen, kommen in mir hoch, Erinnerungen daran, wie ich selbst vorsichtig meine Laterne getragen habe. Während ich den Kindern hinterherschaute, musste ich über mein eigenes inneres Kind nachdenken. Und ich musste mir eingestehen, dass ich mein eigenes Leben schon viel zu lange viel zu verkopft betrachte. Durchdachte Pläne und strukturierte Tagesabläufe bestimmen häufig meinen Alltag. Die pure Freude am Tun, wie Kinder sie ganz selbstverständlich leben, ohne Abwägen der möglichen Folgen – sie ist es, die ich viel öfter in mein Leben einladen möchte! Nicht weil mein Kopf mir das wieder vorschreibt. Sondern weil ich merke, dass gelebte Hingabe bei kleinen Alltäglichkeiten mich wirklich bereichert.
Langsam darf ich wieder lernen, staunend durch den Tag zu gehen. Stück für Stück meine „Erwachsenenblindheit" abzulegen und allem neu zu begegnen. Das ist kein leichter Weg – eigene Gedankenmuster und „Das hab ich immer schon so gemacht"-Gefühle kommen immer wieder ungefragt hoch. Aber ich traue Gott zu, mir neu das Staunen beizubringen. Staunen über den ersten Schnee. Die Wärme von zufälligen Begegnungen. Das sanfte Wiegen der Bäume im Abendwind. Ein geglücktes Kreativrezept. Es gibt so viel zu entdecken – und das Kind in mir erwacht …

Steinpilz-Kartoffelsuppe mit Basilikumöl

Seelensuppe für kalte Wintertage

Steinpilze mit 400 ml Wasser begießen, 1 Stunde quellen lassen.

Kartoffeln schälen und würfeln. Zwiebeln und Knoblauchzehe fein hacken und in 2 EL Öl anschwitzen, Kartoffeln hinzufügen und mit Gemüsebrühe und Milch ablöschen, ca. 20 Minuten köcheln lassen, bis sie weich sind.

Steinpilze ausdrücken, klein schneiden und samt Einweichflüssigkeit nach 10 Minuten zu den Kartoffeln geben. Anschließend alles glatt pürieren und pikant abschmecken, gegebenenfalls etwas Flüssigkeit hinzufügen.

Kräuterseitlinge in wenig Öl kross anbraten.

Basilikumblätter, Öl und Knoblauchzehe pürieren, salzen und pfeffern und mit den Pilzen und den Mandelblättchen auf der Suppe anrichten.

Dazu passen Brotstangen.

Zutaten für 4 Personen:

500 g Kartoffeln
1 Zwiebel
1 Knoblauchzehe
4 Kräuterseitlinge
oder andere große Pilze
30 g gebräunte Mandelblättchen
eine Handvoll Basilikumblätter
4 EL Öl
1 Knoblauchzehe, fein gehackt

Keramik-Lichter

Fassungsvermögen der Schalen mit Hilfe von Wasser und Messbecher ermitteln. Kerzenreste mit einem Messer klein hacken. Bei 150 ml Fassungsvermögen 150 g Kerzenreste abmessen und in einer Metallschüssel über dem warmen Wasserbad verflüssigen.

Kerzendocht mit der Metallseite kurz in das flüssige Wachs tauchen und in die Mitte der Schale drücken und antrocknen lassen. Danach vorsichtig das flüssige Wachs in die Schale gießen, dabei mit einer Hand den Docht gerade nach oben heben.

Stift quer über die Schüssel legen und Kerzendocht bei Aushärten der Kerze damit stützen.

Material:

kleine Keramikschale
(alternativ Metallschälchen)
alte Kerzenreste
Messer
Kerzendochte
Messbecher
Stift

Novemberkalt

Heute
bin ich selbst novemberkalt
bleischwer drückt es mich zu Boden
und in mir ist nichts als Grau

Heute
bin ich regenwolkenschwer
kein Licht in mir
und um mich
und die Hoffnung
verweht vom Wind

Heute
bin ich ein fallendes Blatt
erschrocken über den freien Fall
und die eigene Leere
die sich unter mir auftut

Mir bleibt nur
mich an deine Zusage zu klammern
dass du meine Leere in deine Fülle
mein Grau in dein Licht
mein Fallen in dein Gehaltenwerden
wandeln wirst

Nassgrau – so ist seit Tagen das Wetter draußen, und genauso ist auch meine Stimmung. Scheinbar lässt das andauernde Grau des Himmels alles Ungelöste und Unperfekte in mir umso deutlicher hervortreten. Es fällt mir schwer, dem ins Auge zu sehen und nicht wieder in den Modus „Ich setze ein schönes Lächeln auf und schlucke alles runter“ zu verfallen. Einfacher wäre dieser Weg, aber ich würde dadurch innerliche Wunden nur größer werden lassen.
Ich merke, wie sich eine riesige Kluft auftut zwischen dem Menschen, der ich gerne sein würde, und dem Menschen, der ich gerade bin. Ständig scheine ich einem selbst errichteten Ideal hinterherzuhecheln, und ich spüre, wie mich dieser selbst aufgebaute Druck langsam zermalmt.
Die eigenen Erwartungen, Wünsche und Vorstellungen sind fernab jeder möglichen Umsetzung. Es fällt mir schwer, mir selbst einzugestehen, dass ich nicht annähernd die Hälfte meiner gesteckten Ziele erreiche. Ich will zu viel, versuche, alle Kraftreserven aus mir rauszupressen wie den letzten Tropfen aus einer Zitrone – und scheitere an zu wenig freier Zeit.
Mein selbst gestricktes Zwangsjäckchen wird mir langsam zu eng. Es tut weh, einige Vorstellungen und Erwartungen an mich selbst über Bord zu werfen. Aber schlussendlich versperrt mir dieses Idealbild den Blick auf all das, was mich wirklich ausmacht. Wie befreiend ist es, Gottes Zuspruch „Ich habe dich wunderbar gemacht!“ wirklich anzunehmen und zu leben. Es ist ein Satz ohne „Wenn du …“. Er ist völlig bedingungslos und an keine Erwartungen geknüpft. Und dieser Zuspruch ist es, der mein Leben mehr bestimmen soll als mein eigenes Denken über mich selbst.

Karamell-Nuss-Brownies

Zutaten:

180 g Zartbitterschokolade
150 g Butter
240 g Zucker
4 Eier
100 g Mehl
50 g Ahornsirup
100 g Walnüsse

Zuerst den Ahornsirup bei mittlerer Hitze in einer Pfanne erhitzen. Walnüsse hinzufügen und unter Rühren goldbraun karamellisieren lassen, bis kein Sirup mehr zu sehen ist. Auf einen geölten Teller geben und abkühlen lassen, danach grob hacken.

Schokolade und Butter in einer Schüssel über dem Wasserbad schmelzen. Abkühlen lassen. Danach Zucker einrühren. Die Eier einzeln langsam mit einem Schneebesen unter die Schoko-Zucker-Masse rühren, anschließend das Mehl unterheben, zuletzt die gehackten Walnüsse.

Im vorgeheizten Backofen bei 160° Ober-/Unterhitze in einer quadratischen Form (20 x 20 cm) ca. 25-30 Minuten backen. Wenn an einem Holzstäbchen, der in den Brownie gestochen wird, noch etwas Teig hängt, dann ist er perfekt. Abkühlen lassen und nach Belieben mit Vanilleeis und Ahornsirup servieren.

Heiße Gewürzschokolade

Seelenwärmer an kalten Tagen

Zutaten:

250 ml Milch
150 ml Sahne
75 g Zartbitterschokolade
1 EL Zucker
1 Zimtstange
2 Kardamonkapseln, halbiert
abgeriebene Schale einer halben Bio-Orange

Zimtstange und Kardamonkapseln in einen Teefilter geben. Mit den restlichen Zutaten in einen Topf geben und bei mittlerer Hitze erwärmen, bis die Schokolade geschmolzen ist. Dann 10 Minuten siedend ziehen lassen, dabei immer wieder umrühren.

Mit Schlagsahne und Zimtpulver/ Orangenschale garniert servieren.

Chai-Trüffel

Zutaten:

125 g Sahne (Gramm, nicht ml!)
1 gehäufter TL Chai-Tee
175 g gute Zartbitterschokolade
50 g Kakao, mit 1 TL Chai-Tee gemischt

Sahne und Chaipulver aufkochen, vom Herd nehmen und mindestens 15 Minuten ziehen lassen, danach durch ein feines Sieb passieren. 100 g Sahne von der Gewürzsahne abwiegen. Schokolade hacken, zur Sahne geben. Das Ganze über dem Wasserbad langsam schmelzen lassen, immer wieder umrühren, bis eine geschmeidige Creme entsteht. Bei Zimmertemperatur einige Stunden abkühlen lassen, bis die Creme formbar ist. Mit einem kleinen Löffel Stückchen abstechen (ca. walnussgroß) und zu Kugeln wälzen – das geht leichter, wenn die Hände zuvor mit Kakao bestäubt worden sind. Fertige Kugeln in der Kakaomasse wälzen.

Winterschokolade

Zutaten:

100 g Lieblingsschokolade (z.B. Zartbitter- oder Vollmilchschokolade)
25 g getrocknete Kirschen
30 g Mandelkrokant, fertig gekauft
20 g Cashewkerne
½ TL Lebkuchengewürz

Schokolade und Gewürz bei kleiner Hitze in einem Topf schmelzen lassen. Cashewkerne in einer Pfanne ohne Fett goldbraun rösten. Einen Teller mit Backpapier auslegen. Geschmolzene Schokolade darauf zu einer Platte verstreichen und mit den trockenen Zutaten bestreuen. Im Kühlschrank aushärten lassen.

Tipp: Als Belag eignen sich alle Arten von Trockenfrüchten und Nüssen – je nach Gusto!

Selbstgemachter Lipgloss

Zutaten für ein kleines Kosmetikdöschen:

1 TL Mandelöl
1 TL Sheabutter
½ TL Rote-Beete-Pulver oder Rougepulver (nach Belieben)

Mandelöl und Sheabutter vorsichtig über dem Wasserbad schmelzen. Für eine sanfte Rottönung Rote-Beete-Pulver oder Rougepulver hinzufügen und mit einem Schneebesen gut unterrühren. In ein kleines Kosmetikdöschen abfüllen und im Kühlschrank aushärten lassen.

Orangen-Kokos-Bodylotion

Eine tolle selbst gemachte Bodylotion
für streichelzarte Winterhaut

Zutaten:

150 g Kokosöl
2 TL Bienenwachs (aus der Apotheke)
10-15 Tropfen ätherisches Orangenöl
1 Glasbehälter mit 200 ml Fassungsvermögen

Kokosöl und Bienenwachs in einem Wasserbad langsam schmelzen, dann das ätherische Öl hinzufügen. Im Kühlschrank aushärten lassen. Mit einem Schneebesen oder einem Rührgerät die Mischung schaumig aufschlagen und in ein Glas abfüllen. Die Bodylotion am besten nach dem Duschen auf trockene Hautpartien auftragen und einziehen lassen.

Rosenblüten-badesalz

Wunderbar wohltuend und eine klasse Geschenkidee

Zutaten für eine kleine Glasflasche à 300 ml:

250 g Totes-Meer-Badesalz
15 Tropfen ätherisches Rosenöl
zwei Handvoll getrocknete Rosenblüten

Alle Zutaten mischen und in das kleine Glas abfüllen.
Ein Glas reicht für ein Vollbad.
Tipp zum Verschenken: Deckel in schönen Stoff einschlagen und Glas verschließen, mit schönem Etikett versehen.

Segensflocken

Über Nacht
hat der Himmel
der Erde
ein weißes Kleid
geschenkt

Erfüllt
von der Freiheit
der tanzenden Flocken
erahne ich
deine Gnade
deine grenzenlosen Möglichkeiten
für mich
und für die Welt

Ehrfurchtsvoll
gleitet mein Blick
über die weiße Weite
und dein
himmelweiter Horizont
für mich
wird mir neu geschenkt
Segensflocken

Mein Herz setzte heute Morgen vor Freude einen kurzen Moment aus, als ich den Vorhang zur Seite schob und von wild tanzenden Schneeflocken überrascht wurde. Es ist diese plötzlich eintretende Stille und Erhabenheit, die sich unter der Schneelast unbemerkt über das Land legt, die mich so berührt.
An diesem Schneemorgen brauchte ich nicht viel: ein schönes Buch, ein Kissenmeer und immer wieder den schweifenden Blick nach draußen.
Nach ein paar Stunden der erste Spaziergang durch knisternden Schnee. Unsere Fußspuren auf den Wegen, die eisige Kälte, die uns unsere Gliedmaßen so deutlich spüren lässt - das Leben wird greifbar und im wahrsten Sinne des Wortes fühlbar!
So, wie der Schnee leise auf die Erde fällt, so leise trifft mich die Erkenntnis, dass mein Leben nicht aus dem Warten auf den einen, alles übertreffenden Glücksmoment besteht, sondern dass es um die vielen kleinen, auf den ersten Blick unscheinbaren, Momente geht. In ihrer Summe machen sie mein Leben zu einem unverwechselbaren Mosaik, das nur ich als Geschenk bekommen habe. Mein ganzes „Wenn ich das erst habe oder bin“-Denken bewirkt nur, das ich mein Leben mit angezogener Handbremse lebe und meinen Blick für das verschließe, was genau heute vor mir liegt und darauf wartet, von mir entdeckt zu werden.
Meistens ist gerade das Kostbare in meinem Leben schneeflockengleich: Es kommt so oft unbemerkt und es kommt vom Himmel. Es legt sich sanft auf mein Leben und macht mir klar, dass alles unverdient und ein Liebesgeschenk an mich ist. Und wenn ich es zulasse, darf das, was meinen Weg kreuzt, Chance und Aufforderung zugleich sein, meinen Blick himmelwärts zu richten. So oft durfte ich schon erleben, wie mein „Alltag“ zum „Alles-da-Tag“ wurde, wenn ich begann, alles, was mir zufällt, als Segensspur in meinen Leben zu sehen. Diese kleinen Begegnungen und Begebenheiten in meinem Alltag, die mein Leben bis in die Tiefe prägen, lehren mich eins: Dankbarkeit beginnt im Kleinen. Und das macht mein Herz und meinen Blick himmelsweit.

Schneeflockentorte mit Mandel-Pralinencreme

Eine Torte für die besonderen Momente im Winter

Weiche Butter mit dem Zucker und dem Vanillezucker schaumig rühren. Frischkäse kurz unterrühren, dann nacheinander die Eier zugeben, bis die Masse hellcremig ist. Mehl und Backpulver mischen und kurz unterrühren, am Schluss den Amaretto unterrühren. In eine Springform (20 cm) füllen und bei 175° Umluft 40-45 Minuten backen, auskühlen lassen.

Für die Pralinencreme Schokolade fein hacken. Sahne und Butter in einem Topf bis kurz vor dem Kochen erhitzen, vom Herd nehmen und geschmolzene Schokolade unterrühren. 3 Minuten stehen lassen, dann die Masse mit einem Schneebesen gut umrühren. 3 Stunden bei Zimmertemperatur stehen lassen, bis die Masse streichfähig ist.

Boden zweimal waagerecht durchschneiden. Mandelstifte in einer Pfanne ohne Fett goldbraun rösten, abkühlen lassen. Tortenguss mit dem Kirschsaft nach Packungsangabe zubereiten, Himbeeren unterheben. Um den untersten Boden einen Tortenring stellen, Himbeer-Guss darauf verteilen und mit mittlerem Boden bedecken.

Sahne mit Zimt und Sahnesteif sowie Zucker steif schlagen, Mandelstifte unterheben und auf den mittleren Boden streichen. Mit dem letzten Boden abschließen und 1 Stunde kalt stellen. Danach Torte ringsum mit Pralinencreme bestreichen und nach Belieben verzieren.

Zutaten:

Für den Teig:
200 g weiche Butter
175 g Zucker
1 Päckchen Bourbon-Vanillezucker
100 g Frischkäse
200 g Mehl
1 TL Backpulver
2 EL Amaretto

Für die Füllung:
100 g Mandelstifte
200 g Sahne
1 Päckchen Sahnesteif
2 EL Zucker
1 TL Zimt
200 g Himbeeren (TK, aufgetaut)
½ Päckchen Tortenguss
125 ml Kirschsaft

Für die Pralinencreme:
150 ml Sahne
25 g Butter
200 g Vollmilchschokolade

Sternenmoment
Januar
Schneespazieren mit Familie
März
Ausflug Bühler Tal

Sternen-momente-Box

Zum Festhalten von besonderen Sternstunden

Material:
1 Box mit Sternmotiven
(alternativ eine leere Konservendose mit Sternpapier bekleben)
graues Tonpapier
Sternvorlage nach Wahl
silberner Stift
Schere
Bleistift

Auf das Tonpapier mit dem Bleistift und der Vorlage Sterne vorzeichnen – für ein Jahr ca. 50 Stück. Die Sterne ausschneiden und in der Sternebox aufheben. Nach dem Erleben besonderer Momente mit Silberstift den Sternenmoment festhalten.

Ein schöner Brauch: Am Ende des Jahres die Box öffnen und die Momente zusammen mit der Familie Revue passieren lassen.

Mit dem letzten Blatt
fällt auch mein Gefühl
des Getriebenseins

Die Sicht ist nun völlig frei
nichts Ablenkendes
was meinen Blick trübt

Und eine große Stille
legt sich unbemerkt
über alles
ergreift leise
Besitz von mir

Das Leise
nehme ich neu in mein Leben auf
im Tausch
gegen alles Ohrenbetäubende in mir
und ich erfahre
was es heißt
völlig still zu werden

Winterleise

Im Winter scheint die Zeit selbst stehen zu bleiben. Der scheinbare Stillstand der Natur lässt alles so viel langsamer vergehen. Nach dem großen Finale des Herbstes mit dem Wunsch, noch einmal die Fülle auszuschöpfen, verlagert sich unser Leben zunehmend nach drinnen.
So sehr ich Aktivitäten mit Freunden liebe, empfinde ich die lange Dunkelheit des Winters auch als Einladung, mehr bewusste Zeit mit meiner Familie zu verbringen. Ich liebe die langen gemeinsamen Kuschelmorgende, das lang ausgedehnte Frühstück, bei dem auch mal Gerichte außerhalb des täglichen Müslirituals gezaubert werden, und das Gefühl, die Welt draußen in den Winterschlaf zu schicken – alles ohne schlechtes Gewissen!
Dann merke ich, dass es genau die Tage ohne Termindruck sind, die mein Gedankenkarussell stoppen und die ich mehr als alles andere brauche, um mich wieder voller Elan in den Alltag stürzen zu können. Es gibt kein Wort, das diese „sinnvolle sinnfreie Zeit mit den Liebsten“ passend ausdrückt – und doch ist sie eine der schönsten Wintererfahrungen!
Viel mehr als ein Gefühl ist hingegen die anstehende Weihnachtszeit. Ich liebe es, unsere Wohnung im weihnachtlichen Glanz erstrahlen zu lassen, Geschenkideen auszubrüten und an langen Abenden kreativ zu werkeln – und doch richte ich mein Herz auf Jesus aus, der in Dunkelheit geboren wurde, um das Licht der Welt zu sein. Während ich abendlich die Kerzen anzünde, erlebe ich die Bedeutung dieser Worte hautnah: Wo Licht ist, muss die Dunkelheit weichen! Wenn ich still werde und mein Herz für das Licht von oben öffne, darf ich genau das erfahren. Nicht immer sofort, aber in Rückschau immer zum richtigen Zeitpunkt ...

Lebkuchenwaffeln mit Heidelbeer- und Schokoladensoße

Zutaten für 6-8 dicke Waffeln:

200 g weiche Butter
100 g Zucker
1 Pck. Vanillezucker
4 Eier
250 g Mehl
4 EL Milch
1 TL Lebkuchengewürz

Butter mit Zucker schaumig rühren. Eier einzeln gut mit dem Handrührgerät unterarbeiten. Mehl hinzufügen und kurz unterrühren, ebenso Milch und Lebkuchengewürz. Je 1-2 EL des zähflüssigen Teiges im heißen Waffeleisen goldbraun ausbacken und nach Belieben mit Schokoladen- oder Heidelbeersoße servieren.

Schokoladensoße

Zutaten:

150 ml Milch
150 ml Sahne
250 g gute Zartbitterschokolade
etwas abgeriebene Orangenschale

Zartbitterschokolade fein hacken. Milch und Sahne zusammen in einem Topf aufkochen und von der Herdplatte ziehen. Zartbitterschokolade hinzufügen und kurz stehen lassen, danach Orangenschale hinzufügen und alles mit einem Schneebesen glatt rühren.

Heidelbeersoße

Zutaten:

1 kleines Glas Heidelbeeren
2 EL Zucker
½ Vanilleschote
2 TL Speisestärke

Heidelbeeren in einem Sieb abtropfen lassen und den Saft dabei auffangen. Den Saft mit Wasser bis auf 250 ml auffüllen und mit Zucker und Vanilleschote in einem Topf zum Köcheln bringen. Speisestärke mit wenig Wasser glatt rühren und in den Saft einrühren, dabei mit einem Schneebesen rühren, bis die Mischung bindet. Vanilleschote entfernen und Heidelbeeren unterziehen.

Am besten lauwarm zu den Waffeln servieren.

Tischde

Material:

braune Geschenkschachteln aus Kraftpapier
Sternenstempel
weißes Stempelkissen
graues Schmuckband
Engelsflügel
silberne Glöckchen
graue Servietten

Geschenkschachtel mit weißen Sternen bestempeln und trocknen lassen.

Danach die Schachtel am oberen Rand auseinanderklappen. Glöckchen auf das Band fädeln und um den oberen Rand binden, Engelsflügel dahinterstecken.

Zum Schluss die Serviette in die Schachtel stecken.

Beschriftetes Brett

Einen Spruch auswählen und die gewünschte Anordnung der Wörter auf Papier vorzeichnen. Mit Bleistift und Lineal entsprechende Hilfslinien auf das Holzbrett zeichnen. Die Wörter mithilfe von Schablone, Pinsel und Acrylfarbe Buchstabe für Buchstabe auf das Holzbrett schablonieren.

Zwischendurch die Rückseite der Schablone immer wieder gründlich reinigen, um unerwünschte Farbspuren zu vermeiden.

Nach dem Trocknen die vorgezeichneten Linien wegradieren.

Material:

1 altes Holzbrett
weiße Acrylfarbe
Buchstabenschablone
Pinsel
Lineal
Bleistift
Zeichenpapier

Dein Ja

Was mich trägt
durch alle Jubelzeiten
und Sorgentäler
meines Lebens
ist dein
felsenfestes Ja
zu mir

Dieses Ja
wischt weg
was mich kleinhalten will
erneuert
was Rost in mir ansetzt
definiert mich
bis ins Mark
und ist am stärksten
wenn ich am schwächsten bin

Diesem bedingungslosen Ja
möchte ich mehr Glauben schenken
als meinen Gedanken
als den Vorstellungen anderer über mich
Ich möchte es
so tiefe Wurzeln schlagen lassen
dass ich lerne
mit deinen Augen
die Welt liebevoll zu betrachten

Weihnachts-Zeit – habe ich die wirklich? Passt die überhaupt noch in meinen übervollen Terminkalender? So was – drängelt sich da völlig ungefragt am Jahresende vor und will meine gesamte Aufmerksamkeit! Und gibt sich nicht zufrieden mit vollgepackten Geschenktüten und Glühweingemütlichkeit, mit „Wir legen schnulzige Weihnachtslieder auf"-Momenten und mit Nächstenliebe auf Knopfdruck.
Diese Zeit will mich berühren und vieles in mir in neuem Glanz erstrahlen lassen – und Kaufhausglanz scheint dagegen nur ganz fahl. Deswegen stelle ich mir die Frage: Wie sehr bin ich bereit, mich dem Licht, das mir durch die Geburt von Jesus geschenkt wird, zu öffnen? Was nimmt mich, besonders in der Weihnachtszeit, so sehr in Beschlag, dass ich die Augen auf mich und meine Gedanken, und weniger auf Gott selbst, gerichtet habe?
Weihnachten ist jedes Jahr eine Einladung, sich wie die Hirten auf den Weg zur Krippe zu machen. Um dort das zu verschenken, woran ich mich wohl am meisten klammere: mein grüblerisches, freudiges, sorgenvolles, dankbares und ängstliches Herz!

Vor ein paar Jahren beschloss meine Familie, Heiligabend statt wie geplant daheim vor dem knisternden Kamin im festlich dekorierten Haus im Krankenhaus zu feiern. Dort war mein Bruder tags zuvor verletzt eingeliefert worden. Wir hatten uns alle riesig auf das gemütliche Zusammensein daheim gefreut – und nun das! Und doch werde ich gerade diesen Heiligabend wohl nie vergessen. All das Schöne, das vermeintlich Wichtige an Weihnachten fiel weg – weiße Krankenhauswände statt leuchtender Tafel. Provisorisches Abendbrot statt geplantem Menü. Aber gerade durch den Wegfall all dieser schönen Dinge hatte ich das Gefühl, Weihnachten im Herzen so nah wie nie zuvor gewesen zu sein. Wir feierten die Geburt von Jesus – und durften erleben, dass er uns viel näher ist, als wir uns jemals vorstellen können. Noch heute höre ich unser gesungenes „Stille Nacht, heilige Nacht", das durch die leeren Krankenhausflure schallte und von einer Hoffnung spricht, die größer ist als unsere Vorstellungen.
Auch dieses Jahr mache ich mich erneut auf den Weg zur Krippe – und weiß, dass ich erwartet werde …

Apfelpunsch

Zutaten für 3-4 Gläser:

½ l Apfelsaft
½ halbe Zimtstange
1 Sternanis
1 Beutel Glühweinfix
1-2 EL Honig nach Belieben

Alle Zutaten bis auf das Glühweinfix aufkochen und 5 Minuten köcheln lassen, damit die Gewürze den Geschmack an den Apfelsaft abgeben. Glühweinfix und Honig im heißen Saftgemisch auflösen und in eine Thermosflasche abfüllen.

Winter-picknick

Mini-Lauch-Küchlein

Zutaten für 12 Stück:

1 Rolle fertiger Blätterteig
1 dicke Stange Lauch
1-2 EL Öl
150 ml Sahne
2 Eier
50-100 g geriebener Käse nach Geschmack
Salz/Pfeffer/Kümmel/Paprikapulver
Speck nach Belieben

Blätterteig entrollen und mit einem Glas 12 Kreise von ca. 10 cm Durchmesser ausstechen. Ein Muffinblech leicht fetten und die Kreise in je eine Vertiefung drücken. Kalt stellen. Lauch in feine Ringe schneiden, Öl in einer Pfanne zerlassen und Lauch darin glasig dünsten. Je einen Esslöffel der Lauchmischung in einer der Blätterteigvertiefungen verteilen. Eier mit Sahne und Gewürzen kräftig abschmecken. Je 1-2 TL des Käses pro Förmchen auf der Lauchmischung verteilen. 2 EL der Sahne-Ei-Mischung pro Törtchen auf die Lauchkäsemischung geben, wer möchte, verteilt noch Speck auf den Lauchküchlein. Dann bei 175° Ober-/Unterhitze für 20-25 Minuten backen, bis die Küchlein goldbraun sind.

Orangensaft-Kuchen

Zutaten:

200 g weiche Butter
175 g Zucker
4 Eier
200 g Mehl
½ Pck. Backpulver
Saft von drei Orangen
Saft von zwei Zitronen
125 g Zucker

Butter und Zucker schaumig schlagen. Eier einzeln unterrühren. Mehl und Backpulver mischen und ebenfalls kurz unterrühren. Den Teig in eine Springform (20 cm Durchmesser) geben. Im vorgeheizten Backofen bei 150° Umluft ca. 1 Stunde backen (Stäbchenprobe). Inzwischen den Saft der Orangen und Zitronen mit dem restlichen Zucker mischen. Kuchen kurz auskühlen lassen, danach mit einem Holzstäbchen viele Löcher in den Kuchen stechen und noch heiß mit dem Saftgemisch beträufeln – das geht am besten mit einem Esslöffel. Auskühlen lassen und nach Belieben mit Orangen garnieren. Mit geschlagener Zimtsahne servieren.

Rot-weißer Adventskalender

Material:
24 leere Einmachgläser mit Deckel, verschiede Größen
roter Acryllack
Klebefilm oder Masking Tape
Pinsel
Zeitungspapier
24 weiße Anhänger
Stempel mit Naturmotiven und Stempelkissen
rot-weiße Kordel
kleine Geschenke

Einmachgläser säubern und mittig einen Streifen Klebefilm rundherum als Markierungslinie aufkleben. Den unteren Teil der Gläser mit roter Farbe bis zur Klebefilmlinie bemalen und trocknen lassen. Das Klebeband nach dem Trocknen entfernen.

Verschiedene Naturmotive auf weiße Anhänger stempeln und mit rot-weißer Kordel an den Gläsern befestigen. Mit Zahlen von 1-24 beschriften. Die Gläser mit kleinen Geschenken befüllen und in einer Winterlandschaft aufstellen.

Perlenanhänger

Material:

kleine rote Perlen
schwarzer Draht
Zange
ggf. Plätzchenausstecher in Herz- und Sternform

Drahtstücke mit einer Länge von ca. 20 cm zurechtschneiden und rote Perlen auffädeln. Mit der Zange freihändig zu Herzen oder Sternen biegen. Alternativ Drahtstücke um Plätzchenformen legen und mit deren Hilfe die Anhänger in die gewünschte Form biegen. Drahtenden gegeneinanderdrehen und Enden abknipsen.

Die Ornamente eigenen sich gut als Geschenkanhänger oder Dekoelemente um Windlichter.

Tischschmuck

Material:

rote Äpfel
weißer Zuckerstift
rote Anhänger
Dalapferd-Stempel
und weißes Stempelkissen
rot-weißes Band
Mürbeteigplätzchen
roter Zuckerguss

Mit dem Zuckerstift weiße Schneeflocken auf die Äpfel malen und trocknen lassen. Pferde auf rote Anhänger stempeln, trocknen lassen und mit rot-weißem Band an den Äpfeln anbringen.

Mürbeteigplätzchen mit rotem Guss versehen und mit verschiedenen Mustern verzieren, trocknen lassen. Alles zusammen auf jeweils einem Teller anrichten.

Einem Windhauch gleich
liegt Veränderung
in der Luft
erzählt mir
von der Größe meines Lebens
und der blühenden Landschaft
die schon jetzt
in mir aufgeht

Ahnungsvoll

Ich bin auf dem Weg
so zu werden
wie ich erdacht wurde
Herzensmensch statt Kopfzerbrecher
lebensmutiger statt lebensärmer
Hoffnungsbringer statt Sorgenverbreiter

Ich will
das Morgen
nicht größer machen
als das Heute
und mir das Gestern
nicht zum Gegner
sondern zum Schatz
werden lassen

Durch deine Gnade
bin ich bereit
dir mein bodenhaftendes Herz
jeden Tag neu hinzuhalten
wartend
deine Liebe empfangend
die jeden Herzenswinkel in mir
erhellt und weitet
Mein Ahnen wird zum Staunen

Langsam, aber doch spürbar werden die langen Wintertage von einem neuem Licht und einer Helligkeit durchdrungen, die sich sanft über die Kälte der letzten Monate legt. Sehnsuchtsvoll merke ich, wie die Tage minutenweise länger werden, und die ganze Welt scheint ein neues Kleid anzuziehen. Die ersten zarten Knospen strecken mutig ihre Köpfe aus der Erde, und durch das offene Fenster höre ich mit Herzklopfen zaghafte Vogelstimmen. Wie zu Beginn jeder neuen Jahreszeit spüre ich den starken Drang nach Veränderung – als ob meine Seele es der Natur gleichtun und sich neu erfinden möchte. Voller Vorfreude hole ich die ersten Frühblüher ins Haus und krame pastellfarbene Accessoires aus den Schränken. Schön luftig und leicht, genau wie mir zumute ist. Das tut so gut!

Geschafft, aber unendlich entspannt bestaune ich am Abend die Wohnung in ihrem neuen Gewand. Ich spüre eine geballte Ladung Vorfreude auf die nun kommenden Leuchttage. So sehr ich die äußere Veränderung liebe, so sehr scheue ich manchmal die innere. Viel gedanklicher „Müll" – unerfüllte Erwartungen, festgefahrene Verhaltensweisen und negative Gedanken – hat es sich in mir gemütlich gemacht. Er scheuet sich davor, ans Licht gebracht und beseitigt zu werden. Vieles fällt mir sogar nur bei genauem Hinsehen auf und stimmt mich nachdenklich. Will ich wirklich mit all den Sorgen, Gedanken und unguten Gefühlen leben, die mich zu Boden drücken und mir die Sicht auf die blühende Landschaft in mir selbst rauben?
Ich fühle, dass es an der Zeit ist, nicht nur äußerlich dem Leben Farbe einzuhauchen. Ich will all das Ungute in mir, auch wenn es sich sträubt und windet, ins Licht tragen und loslassen. Will frei und heil werden, denn genau das spricht mir Gott zu.
Mir ist bewusst, dass dies kein einmaliges Ereignis sein wird. Es wird Zeit und genaues Hinschauen brauchen, um all das loszulassen, von dem ich dachte, dass es zu mir gehört. Aber ich spüre, dass es an der Zeit ist, endlich das Leben zu leben, das Gott für mich bestimmt hat – ein Leben, in welchem die Freude größer und heller werden darf, Tag für Tag. Ich bin es mir selbst wert, mich täglich für diese innere Freiheit zu entscheiden. Und ich ziehe die Kleider der Freude an ...

Beeren-Panna-Cotta

Panna-Cotta küsst Beere – eine Liaison zum Verlieben!

Für die Panna-Cotta Beeren pürieren und durch ein feines Sieb streichen, um die Kerne zu entfernen. Vanilleschote aufschlitzen und Mark mithilfe eines Messers auskratzen, zusammen mit Zucker, Sahne und aufgeschlitzter Vanilleschote aufkochen. 10 Minuten bei mittlerer Hitze köcheln lassen. Gelatine in kaltem Wasser einweichen. Nach der Kochzeit Panna-Cotta vom Herd nehmen und etwas abkühlen lassen, dann die Gelatine in der heißen Masse auflösen, zuletzt das passierte Beerenmark unterrühren und in vier Gläser abfüllen. 4 Stunden kalt stellen.

Für das Beerenkompott Beeren und Zucker aufkochen lassen, bis die Früchte aufgetaut sind und Saft ziehen. Speisestärke in wenig Wasser glatt rühren und zu den Beeren geben. Kurz aufkochen lassen, bis die Masse bindet.

Kompott abkühlen lassen und danach auf der Beeren-Panna-Cotta anrichten.

Zutaten für 4 Personen:

400 ml Schlagsahne
1 Vanilleschote
70 g Zucker
4 Blätter Gelatine
200 g Beeren, frisch oder abgetropfte TK-Beeren

Beerenkompott

300 g gemischte TK-Beeren
2 EL Zucker
1 TL Speisestärke

Material:

12 Tonpapierblätter in einer Farbe nach Wahl
schwarzer Marker
Bleistift
Lineal
Radiergummi
Klemmbrett

Immer-währender Kalender

Auf jedes Blatt mit 5 cm Abstand zum oberen Papierrand oben mittig die einzelnen Monate mit Bleistift in einer schwungvollen Schrift vorschreiben.

Die Skizze mit schwarzem Marker nachzeichnen.

Darunter so viele Linien ziehen, wie der Monat Tage hat. Die Linien erst mit einem Abstand von 0,5 cm mit Lineal und Bleistift vorzeichnen, dann freihändig mit schwarzem Marker nachzeichnen. Datumszahlen am Anfang jeder Linie ergänzen.

Nach dem Trocknen Bleistiftlinien mit dem Radiergummi entfernen und die fertigen Kalenderblätter auf dem Klemmbrett festklemmen.